SAINT VAAST

SAINT VAAST

CATÉCHISTE DE CLOVIS

ET

APOTRE DES ATRÉBATES

Utile dulci.

DOUAI

IMPRIMERIE DECHRISTÉ

rue Jean-de-Bologne

— 1863 —

« Le corps vénérable de saint Vaast resta enterré dans l'église de la bienheureuse Mère de Dieu des Atrébates environ 128 ans. A cette époque, saint Aubert était le septième des successeurs du pieux évêque sur le siége d'Arras.

» Il se promenait un jour sur les remparts de la ville ; après avoir vaqué à l'exercice de la prière, il prévenait le lever du soleil en s'occupant de cette pensée : Le corps de saint Vaast, placé depuis nombre d'années dans un humble tombeau, n'est-il pas privé de l'honneur qui lui est dû ? Et puisque l'église où il est enterré porte le glorieux nom de la bienheureuse Mère de Dieu, n'est-il pas convenable qu'un si illustre confesseur du Christ repose dans une église élevée en son honneur, et destinée à rappeler aux Atrébates leur père dans la foi ?

» Soudain une apparition frappe les yeux de l'évêque. A l'est, sur la rive gauche du Crinchon, un homme res-

plendissant de lumière mesure bien loin de lui l'emplacement d'une basilique ; c'est un ange, et cette vision lui
dit assez que le Ciel demande la translation de saint Vaast
en ce lieu..... Plus tard, le corps du saint confesseur fut
déposé honorablement dans l'église placée sous son vo-
cable ; près de cette église, saint Aubert construisit un
monastère, et, des revenus de son évêché, le pourvut de
tout ce qui était nécessaire au service de Dieu.

» Tels furent les commencements de l'abbaye de Saint-
Vaast, l'une des plus illustres de l'ordre de saint Benoit,
où se recrutèrent le clergé, l'épiscopat, et où se formèrent
aux sciences et aux lettres tant de disciples dévoués. »

N'est-il pas regrettable qu'une plume *chrétienne* n'ait
pas encore essayé quelques vers en l'honneur de saint
Vaast? Il y a dans la mission du catéchiste de Clovis, dans
l'apostolat du pontife assez de grandeur, assez de simplicité pour étonner et charmer tout à la fois le lecteur. Je
livre aujourd'hui quelques vers à l'impression, dans la
pensée que mon travail pourra fournir des matériaux à
une main plus exercée que la mienne.

Un mot sur la forme de ce poème où j'ai évité d'employer
exclusivement le vers alexandrin. Dernièrement, un jeune
auteur offrait à un éditeur catholique le manuscrit de la
vie d'un saint. Comme l'écrivain se retirait devant un refus
obstiné : « Que voulez-vous, Monsieur, dit le libraire, notre

siècle ne veut plus de vies de saints! » Il y a du vrai dans cette réponse, et j'ai cru que certaine forme laisserait passer un sujet sérieux. J'ai donc varié la mesure du vers toutes les fois que le récit me l'a permis. J'ai fait plus encore : j'ai pris le ton de l'apologue. Cette innovation a réussi au gracieux auteur des *Paraboles* et des *Légendes*, et je me souviens d'avoir lu quelque part :

Une morale nue apporte de l'ennui.

A Dieu ne plaise que je prétende traiter avec légèreté ou *bassesse* l'histoire d'un saint! Mais il y a dans la vie de tout héros chrétien de l'ombre et du soleil, c'est-à-dire ce qui touche à la terre et ce qui touche au ciel. Or, une étude, pour être complète, doit aborder tous ces détails. Depuis que le Verbe s'est fait chair et qu'il a habité parmi nous, rien n'est petit dans la vie de ses disciples. Et pour le dire en deux mots, la gloire de la poésie chrétienne c'est d'être, comme son Auteur, pleine de grâce et de vérité. Tel est le caractère de la *véritable légende;* aussi sa prose atteint-elle souvent la hauteur de la plus belle et de la plus suave poésie. S'il fallait insister davantage encore, je demande-rais ce qu'il faut penser du mélange unique de grandeur et de naïve simplicité qui caractérise les œuvres immor-telles de l'antiquité, et particulièrement les récits de la Bible?

On a beaucoup parlé autrefois du style classique et du style romantique. Je pense que la vie de notre apôtre peut se prêter également à la sévérité du premier genre et au laisser-aller du second. Le goût du lecteur décidera si j'ai eu raison de passer

> Du grave au doux, du plaisant au sévère,

selon le précepte du poète.

Saint-Pry, 26 novembre 1862.

Felix Vedastus Pontifex
Cujus cœlum mens possidet,
Corpus reponi splendido
Templo designant Angeli.

(PROPRE DES SS. DU DIOCÈSE
D'ARRAS.)

Il était nuit, et le sommeil
avait fui loin de ma paupière;
comme l'enfant à son réveil
je murmurais une prière.
Soudain apparaît à mes yeux
un brillant messager des cieux.
— Fils de l'homme, dit-il, l'encens de ta prière
jusqu'à l'Eternel a monté;
il aime voir trembler une pâle clarté
Celui qui créa la lumière.
Je suis l'ange des saints désirs;
à l'heure où le mondain, secouant toutes craintes,
vide la coupe des plaisirs,
j'écoute des croyants les soupirs et les plaintes.
Je suis l'architecte divin
qu'Aubert a vu marquant au bord de la rivière,
d'une mystérieuse main,

1*

la place destinée au nouveau sanctuaire.
Fils de l'homme, il est temps de sortir du sommeil
que te conseille la prudence;
à de nobles pensers il faut donner l'éveil
en ce siècle d'indifférence.
Ne vois-tu pas briller l'or et les pierreries
au tombeau de ton saint patron?
Védaste n'attend plus que l'art, dans ses féeries,
l'art que guide un divin rayon,
appelle un peuple entier, sous de vastes portiques,
pour visiter d'un œil surpris
ses immortels travaux et les œuvres de prix
qui décorent les basiliques.
Ce qu'il veut aujourd'hui, c'est que le cœur d'un prêtre
ouvrant les trésors de sa foi,
en l'honneur du grand Dieu, du Dieu qui le fit naître
pour vous attirer à sa loi,
retrace du Pontife, en images sublimes,
les soins, les travaux incessants,
ses triomphes, sa gloire et les saintes maximes
qu'il laisse pour vous ses enfants.
Il attend que la poésie
plus brillante que le soleil,
plus suave que l'ambroisie,
l'entourant d'un éclat à nul autre pareil
habite près de son cercueil;
et publiant partout sa gloire,
ensevelisse sa mémoire,
sa mémoire bénie, en un sacré linceuil......
. . . .

Et moi je me taisais ; à l'humble fleur des champs
qui pourrait demander la beauté d'une reine,
la majesté du cèdre et la force du chêne
    au roseau qui plie à tous vents ?...
L'ange me prit la main ; sa voix jusqu'à mon cœur
arrivant douce et forte en calmait les alarmes ;
alors je sentis naître une source de larmes,
    une source de vrai bonheur.
—Vois ce luth, me dit-il, qu'aux jours de ta jeunesse
parfois l'on entendit résonner sous tes doigts ;
accorde - le , reprends ta première allégresse,
    chante, je conduirai ta voix.

Ne vois-tu pas briller l'or et les pierreries
    au tombeau de ton saint patron ?

Nous renvoyons au n° 7, page 120 de la *Revue du Pas-de-Calais* (1859), pour la description de la nouvelle châsse des reliques de saint Vaast.

Les immortels travaux et les œuvres de prix
    qui décorent les basiliques.

L'église Saint-Vaast, destinée par les religieux de la célèbre abbaye à leur servir d'oratoire et de chapelle, est, dit le *Mémorial catholique*, d'un style grec corinthien, d'un aspect sévère ; elle est remarquable par l'ensemble, l'har-

monie de son architecture et l'immensité de ses propor-
tions. On y arrive d'uu côté par 48 marches ; elle a 100
pieds de hauteur et 350 de longueur. On y remarque la
chapelle de la Sainte-Vierge qui est d'une grande richesse.
Cette église possède des tableaux de grand prix , un Ru-
bens , un Van-Dyck , un Van-Tulden ; et parmi les œuvres
des peintres modernes , nous citerons un Verruz et une
Présentation au temple, ainsi que plusieurs grisailles d'Abel
de Pujol. La conque des fonts baptismaux est d'un travail
admiré par les connaisseurs. Le calvaire miraculeux, qui
se trouve aussi dans cette église, y attire de bien loin pendant l'année , et principalement aux époques de Pâques et
de la Pentecôte , un grand concours de fidèles et de pieux
pèlerins.

I

Sanctus Dei sacerdos Vedastus
et prædicator egregius temporibus
Clodovæi primi Francorum regis
in has, divinâ dirigente gratiâ,
ob multorum salutem pervenit re-
giones.

(PROPRE DES SS. DU DIOCÈSE
D'ARRAS.)

Comme la plante solitaire
qui se cache au fond du vallon
pour fuir tout souffle délétère
et les fureurs de l'aquilon,
loin du monde, à Verdun, auprès de saint Firmin,
de la noble cité le pontife et le père,
à l'ombre des autels, auprès du sanctuaire,
grandissait un pauvre orphelin....
Quel sein béni l'avait porté,
qui, protégeant son innocence,
sous son aile avait abrité
les premiers jours de son enfance?
Nul ne le pouvait dire; il avait Dieu pour père,
demandait à lui seul le pain de chaque jour;

à la Reine des Cieux c'était avec amour
    qu'il donnait le doux nom de mère.
    Dieu le recueille et le bénit
    le jeune oiseau tombé du nid ;
    vous l'entendez sous la charmille,
    il chante loin de sa famille,
    il chante Dieu qui le nourrit.
Au travail qui fait vivre, à l'ardeur de l'étude
qui donne le savoir à l'esprit des mortels,
Védaste s'était fait une pieuse habitude
de joindre la prière aux pieds des saints autels.
L'adolescent livrait son âme tout entière
à l'amour pur et fort ; charité, loi première,
loi suprême du Christ, seul trésor des humains,
tu formes les héros que nous appelons saints.
Aux bords de la Moselle, aux champs de la Lorraine,
on entendit un jour des accents inspirés,
et les peuples en foule à sa voix attirés
pour écouter Védaste accouraient dans la plaine.....
L'ange arrêta mon chant : —Je voudrais faire entendre
de Clotilde, dit-il, les vœux et les malheurs ;
raconte ses vertus, redis aux nobles cœurs
    ce qu'un noble cœur sut comprendre.—
    Lorsque dans la verte prairie
    le fer tranche l'herbe fleurie ,
le plus humble fleuron, la plus brillante fleur
    tombe, pâlit, languit et meurt.
    Ainsi moissonne autour de nous
    la mort que tout homme redoute ;
nos amis les plus chers sont tombés sous ses coups

laissant un vide en notre route.
Etrangère dans ta patrie
sur ta tige rose flétrie,
Clotilde, aucun des tiens ne veut te secourir,
penche la tête pour mourir.....
Clovis, vengeur de l'orpheline,
partage l'or de sa couronne,
et de la justice divine
qui sait rendre à celui qui donne,
lui viendra le salut que le Maître a promis
à ceux dont les secours, l'intelligente main
soulagent les douleurs, vont apaiser la faim
du plus petit de ses amis.

— ⚜ —

Quel sein béni l'avait porté?
Nul ne le pouvait dire.....

On ignore encore, écrit M. le comte d'Héricourt, la patrie du pieux évêque d'Arras. Selon quelques auteurs, il naquit dans la province d'Aquitaine, noble patrie de tant de saints confesseurs. On a prétendu également qu'il était neveu de saint Firmin, évêque de Verdun. Mais ces témoignages ne reposent sur aucun document contemporain.— Védaste avait-il fui les grandeurs du monde, les richesses, les plaisirs profanes, afin de se consacrer plus entièrement au salut des hommes? C'est ce qu'il est difficile d'établir.

> Clotilde, aucun des tiens ne veut te secourir,
> penche la tête pour mourir.....

Clotilde était bien jeune lorsque son père tomba victime de la violence de Gondebaud, roi des Bourguignons. Le malheur l'avait, pour ainsi dire, rendue plus pieuse et plus fervente chrétienne. Elle souffrait de se trouver dans une nation arienne, de voir près d'elle son oncle, le meurtrier de sa famille ; et Aurélianus eut peu de peine à lui faire accepter l'union que proposait Clovis.

II

L'ange avait disparu que je chantais encor.
Le sommeil m'apporta bientôt un rêve d'or ;
le ciel m'était ouvert : les anges, les archanges
dépliaient devant moi leurs nombreuses phalanges ;
j'entendais mille voix, mille accords inconnus
de cet heureux séjour embellissant la vie.
  La félicité des élus
tout entière s'offrait à mon âme ravie.
Muse, pourras-tu dire aux enfants de la terre
ces paroles de feu roulant comme un tonnerre
  dans l'immense parvis des Cieux ?
  — Gloire au Souverain immortel,
il a vaincu le monstre, anéanti les dieux ;
  gloire et puissance à l'Eternel
  jusque dans les hauteurs des Cieux !
— Seigneur, priait Védaste, apaise la fureur
  des flots soulevés contre nous ;

commande à l'Aquilon de suspendre ses coups,
        donne le calme après l'orage ;
        nous sommes ton plus bel ouvrage ;
souviens-toi de nos maux, montre-nous le Sauveur.
Pitié, pitié, Seigneur, pardon pour tant de crimes ;
        laisseras-tu les nations,
esclaves de l'erreur, devenir les victimes
        de tant d'abominations ?
Mon Dieu, que te faut-il pour répandre ta grâce
        sur la tête de nos vainqueurs ?
Je donnerai mon sang, s'il le faut, qu'il efface
        Les souillures de tant de cœurs. —
        Et de nouveaux cris de victoire
allaient retentissant jusqu'au plus haut des Cieux :
        —A l'Eternel puissance et gloire,
il a vaincu le monstre, anéanti les dieux !
        —Seigneur, dit une voix plaintive,
        j'ai tant gémi pour son bonheur,
le bonheur de Clovis, et tu m'entends encor
te prier à genoux de dissiper l'erreur
        qui retient son âme captive. —
        L'ange qui sur l'encensoir d'or
        reçoit nos vœux, notre prière
        pour les offrir au Tout-Puissant,
l'ange qui nous console et nous répond, espère,
        fit entendre ce nouveau chant :
        —Aux cœurs de bonne volonté
        paix souveraine, paix profonde ;
        gloire, gloire au Dieu de bonté
        qui répand la paix sur le monde !

—Ecarte les voiles funèbres,
redemandait Clotilde, éclaire ses ténèbres,
touche son cœur digne de toi ;
qu'il t'adore, ô souverain Roi !—
Et les anges chantaient dans les hauteurs des Cieux :
—Gloire, gloire au Dieu de bonté !
Lui qui donne la paix au monde,
il a vaincu le monstre, anéanti les dieux ;
aux cœurs de bonne volonté
paix souveraine, paix profonde !

———✦———

Gloire au Souverain immortel !
Il a vaincu le monstre, anéanti les dieux.

N'était-ce pas un imposant spectacle, dit M. de Sède, que celui de cette puissance romaine s'écroulant de toutes parts, sous l'influence et par la seule force d'une idée ? N'y a-t-il pas quelque chose de saisissant dans la marche victorieuse et civilisatrice de la Croix, élevant sur tous les autels la seule et l'unique Divinité, transformant le vieux monde et prodiguant, pour éclairer la terre, les mystérieux rayonnements de la foi !

Seigneur, priait Védaste, apaise la fureur
des flots soulevés contre nous.....

Si la pensée s'élève au-dessus de cette confusion que

présente alors l'histoire des hommes, de ces luttes partout engagées entre les débris de l'empire et le flot envahissant de la barbarie, instrument des grands desseins de Dieu, elle saisira cette heure solennelle où la flamme de l'Esprit illumine tout-à-coup le Sicambre conquérant, et consomme cette grande révolution morale et politique d'où sortira le sceptre français et chrétien de Charlemagne !

Et quel fut le divin instrument de cette étonnante transformation ? Un humble prêtre qui parla d'abord par ses vertus.....

> Seigneur, dit une voix plaintive,
> j'ai tant gémi pour son bonheur.....

Bientôt, par sa douceur, Clotilde eut une grande influence sur Clovis, et un enfant, fruit de cette union, reçut le baptême à sa naissance. Par malheur cet enfant mourut en bas âge, et le roi Franc, dans sa superstition, attribua cet événement à l'insulte qu'il avait faite à ses dieux. Cette épreuve ne découragea point l'épouse chrétienne ; il lui était réservé la plus grande récompense qu'elle pouvait envier sur la terre : la conversion de celui qu'elle aimait, l'affermissement du Christianisme dans les Gaules, et son triomphe sur l'hérésie.

(Vie de S. Vaast. L. Lefort, Lille, 1858.)

III

Hic est beatus Vedastus quem fama
celebrior verbum Dei prædicaturum
Clodovico Regi socium itineris adscivit.

(MÊME PROPRE DES SS.)

Lorsqu'il eut des faux dieux sonné l'heure dernière,
     agitant son glaive de feu
l'ange des saints combats descendit sur la terre;
et, soulevant au loin des tourbillons de poudre,
les chassait dans les rangs des ennemis de Dieu.
Sous l'effort de ce bras plus puissant que la foudre
les Francs ont reculé : leurs épais bataillons
     s'ébranlant, se heurtent, se rompent;
     on n'entend plus qu'un cri : Fuyons,
     fuyons, mort à ceux qui nous trompent !
     En vain la menace à la bouche,
     l'œil en feu, le regard farouche,
     Clovis, au devant des fuyards
     s'élance, et de ses étendards
prétend venger la honte.... appeler la victoire;
     tout fuit oublieux de la gloire.
Ainsi lorsque la mer franchissant ses limites

parcourt l'enceinte des cités,
abandonnant aux eaux leurs maisons détruites,
en face de la mort tous fuient épouvantés.
Epuisé de cris impuissants,
Clovis courbe le front; à son heure dernière
il voudrait dérober sa honte à la lumière.
Ainsi dans la forêt plusieurs fois séculaire,
sous les coups pressés des Autans,
l'arbre courbe sa tête altière.
Mais bientôt d'un air inspiré
il lève vers le ciel des yeux baignés de larmes:
— Du culte de nos dieux j'abandonne les charmes,
vers toi seul, ô Christ, attiré;
aux règles de ta loi je jure obéissance
si tu fais briller à mes yeux
de l'appui de ton bras la force et la puissance.
Il dit, et la clarté des Cieux
illumine son âme; une force inconnue,
la force du Dieu des combats,
soudain a ranimé le cœur de ses soldats.
Est moins prompte pendant l'orage
la lumière qui fend la nue,
lorsque du Créateur messagère fidèle,
formant de l'arc aux sept couleurs
le gracieux contour, l'admirable étincelle,
de sa paix aux humains elle apporte le gage,
met un terme à leurs craintes, allège leurs douleurs.

Salut, fils aîné de l'Eglise,
salut, illustre auteur de nos rois très-chrétiens;
il est grand, il est beau de prendre pour devise :
amour à Jésus-Christ, haine aux dieux des païens !
Salut, noble Clovis. Pour redire le jour
où Remi t'accueillit aux fonts du saint baptême,
pour redire sa joie et chanter ton amour,
il faudrait être l'ange même,
l'ange envoyé d'en haut pour répandre à mains pleines,
sur la foule pieuse encombrant les parvis,
ces plaisirs inconnus de nos grandeurs humaines,
les plaisirs purs du Paradis.
Pour exalter de Dieu l'aimable préférence,
les inépuisables bontés,
il faudrait être l'ange même
qu'on vit tout rayonnant des divines clartés
dans une ampoule d'or apporter le saint chrême,
signe de force et de puissance....

———

Et Védaste était là, sur la terre, à genoux,
bénissant le Seigneur, le plus humble de tous.
Védaste, il était là, se dérobant dans l'ombre
aux regards amoureux de ces guerriers sans nombre
que sa bouche avait instruits;
c'était lui que le Ciel choisissant pour organe
destinait à Clovis vainqueur,
lui qui laissant bien loin l'éloquence profane,
par de mystérieux conduits

arrivait à Clovis, assurait son bonheur.
Gloire à toi notre père, à ceux que tu bénis ;
tu soutiens de tes bras que la grâce accompagne
et le globe de Charlemagne
et le trône de saint Louis !

————✦————

L'ange des saints combats descendit sur la terre.

Clovis portait la guerre chez les Alamans, nation intré-
pide qui avait une origine presque semblable à celle des
Francs. Ces peuples, que l'on regardait comme les plus
dangereux voisins de la Gaule, avaient poussé le cri de
guerre vers 495 ; depuis le Mein jusqu'au lac de Constance,
tout le monde prit les armes, et l'on pouvait croire que
cette formidable armée renverserait toutes les digues qu'on
lui opposerait. On en vint aux mains à Tolbiac, près de
Cologne. Ces peuples, que rapprochaient l'origine, les
mœurs et le courage, luttaient pour la possession des
Gaules.

Du culte de nos dieux j'abandonne les charmes.

Voir l'histoire de S. Kilien pour les détails sur l'idolâtrie
des Francs.

.........Les plaisirs purs du Paradis.

Vie de saint Vaast, précitée, page 27.

Dans une ampoule d'or apporter le saint chrême.

La vie de S. Remi, dans le P. Giry, contient tous les renseignements désirables sur cet important miracle.

> Tu soutiens de tes bras que la grâce accompagne
> et le globe de Charlemagne
> et le trône de saint Louis.

Saint Vaast reçut, pour initier Clovis, l'éloquence inspirée qui portait la persuasion sur les lèvres du grossier pêcheur, devenu le prince des Apôtres.

A notre avis, on ne saurait trop insister sur la mission glorieuse du saint évêque; il posa dès lors comme les fondements de cet édifice unique dans l'histoire du monde catholique, je veux dire la monarchie française, fille aînée de l'Eglise.

IV

Obvio cæco, comes ipse regis,
Lumen ablatum citiùs rependit;
Undè cernentes meruêre cordis
Sumere lumen.

(PROPRE DES SS.)

Un jour, sur les rives de l'Aisne,
près de Vouzy-le-Bourg, un aveugle marchait
sans appui, sans guide, sans chien;
sa démarche était incertaine
et bien souvent il trébuchait.
C'était, je pense, un vrai chrétien,
de ceux que la foi vive éclaire
de son immortelle lumière;
il allait au-devant de l'homme du Seigneur.
Védaste* s'avançait, annonçant la puissance
du Monarque de l'univers;
à Clovis, aux soldats, puis à la foule immense
il aimait à vanter sa bonté, sa grandeur.
Notre aveugle bientôt se mettant au travers

---

* Vedastus, Védaste, Védastine, plus communément Vaast.

du cortège, criait en son naïf langage :
    —Védaste, saint élu de Dieu,
    prenez pitié de ma misère;
    je suis pauvre, sans feu ni lieu.
Je prétends seulement au céleste héritage ;
mon bonheur ici-bas serait que la lumière
    fût rendue à mes yeux éteints.—
L'apôtre qui portait affection de mère,
    la tendre affection des saints,
à tout être souffrant, lui répondit : Mon frère,
espérez au Seigneur, il est riche en bonté.
    Puis, tout rempli de majesté
la main droite étendue, aux yeux du misérable
il traça de la croix le signe révéré.
    —Divin Jésus, lumière véritable,
qui de l'aveugle-né reçûtes la prière,
montrez votre pouvoir de ce peuple ignoré.—
Ainsi priait Védaste, et l'on voit à l'instant
les yeux du pauvre aveugle ouverts à la lumière.
Pour lui, suivant de près ce pasteur charitable,
    il veut redire à tout venant
que le Dieu de Védaste est le seul admirable.

Qui de rupe aridâ sitenti populo
fontem aquæ vivæ produxit ; qui in
Cana Galileæ aquam convertit in
vinum , ipse beatum Vedastum de
sicco vase vinum manare concessit.

(PROPRE DES SS.)

C'était au pays de Champagne,
le pays du vin généreux
qui dans nos verres accompagne
les plaisirs de la table en nos festins joyeux.
Plein de force, plein de courage,
à Reims, auprès de saint Remi
son second père, son ami,
Védaste achevait son ouvrage.
Se faisant tout à tous, par un charme secret
il les attirait tous, et bientôt sa parole,
sa parole au repos discret,
excitant dans leurs cœurs le désir de connaître,
comme petits enfants les menait à l'ecole,
à l'école du divin Maître.
Donc, l'un de ces nouveaux chrétiens,
seigneur puissant, était venu
auprès du pieux Védaste avide de s'instruire.
« Pour qui recherche l'inconnu,
trop courts sont les moments, trop courts les entretiens
pour qui sonde un profond mystère.

Les rayons du soleil avaient cessé de luire,
l'ombre épaisse déjà s'étendait sur la terre
qu'il écoutait encore.—Assez pour aujourd'hui,
        il faut que l'esprit se repose,
sous peine de fatigue et quelquefois d'ennui,
interrompit Védaste ; acceptez quelque chose....—
        Le bon Védaste ! il ignorait,
en homme inattentif aux choses de la vie,
        que ce bon vin qu'il prodiguait
        sans cesse, était presque à la lie.
        Au serviteur qui l'avertit
du vide de sa cave, il sourit doucement ;
        puis, s'adressant en son esprit
        à Celui qui sut à l'instant
des veines d'un rocher faire jaillir l'eau vive ;
à Celui qui voulut en aimable convive,
        à la noce de pauvres gens ;
changer l'eau claire en vin réputé, je prétends,
        le meilleur vin de la contrée :
        —Allez, dit-il au sommellier,
        allez vite dans le cellier ;
        tout près de la porte d'entrée
vous trouverez à boire et nous l'apporterez.—
Ce n'était point alors comme en ce siècle heureux
où l'on sait refuser au maître qui commande ;
cet homme de Védaste entendant la demande,
        sans souffler un mot, obéit.
Ce qu'il trouva, lecteur, vous le devinerez
        à le voir rentrer si joyeux.

Je conclus, sans aucun dédit,
que la foi charitable enfante des merveilles.
L'entende qui possède une paire d'oreilles. *

———◊———

Hic pius pastor gregis atque tutor
Lux fuit cæcis, baculus que claudis,
Signa patravit miserante Christo
Plurima terris.
(PROPRE DES SS.)

Malgré le soin qu'il prit de cacher ce miracle,
il arriva que par les siens
Védaste fut trahi. C'est le mot de l'oracle :
nul n'est trahi qu'en sa maison.
Remi de ce prodige apprenant la raison,
jugea l'arbre par ses fruits ;
dès lors, posant la mître au front de l'humble prêtre,
il plaça dans ses mains le fort bâton du pâtre ;
puis, fort de ce pouvoir et de père et de maître,
pour montrer ses vertus sur un nouveau théâtre
il l'envoyait aux Artésiens.
Aux murs de la *Cité* de nouveau construits

* Qui habet aures audiendi, audiat. (Saint Évangile.)

Védaste venait d'arriver ;
mais pour payer la bienvenue
au peuple qui courait le voir et l'admirer,
l'aumônière du saint était d'or dépourvue.
Qui s'en plaindra? Les saints sont *coutumiers du fait;*
et ne peut-on sans or procurer un bienfait?
Un aveugle, un boiteux étalant leur misère
lui disent : —Toi qui viens habiter la Cité
au nom du Dieu de charité,
montre-nous ton cœur généreux.—
Védaste a répondu : —Je n'ai rien sur la terre
qui puisse faire des heureux ;
mon trésor est au ciel auprès de Dieu le Père,
je vous le livre, amis; prenez-y sans mystère.—
Puis, à l'exemple du Sauveur
qui sut trouver pour nous des larmes à répandre,
il pleure sur leurs maux, pleure sur leur misère.
La foule d'ajouter : C'est bien le cœur d'un père !
Védaste s'adressant au Ciel, disait : —Seigneur,
Seigneur, vous dont la main sur nous aime à s'étendre,
bénissez vos pauvres enfants ;
des biens de la nature, au déclin de leurs ans,
rendez-leur ce qu'ils ont perdu.
Qu'ils proclament bien haut la suprême puissance;
et qu'un chant de reconnaissance
s'échappant de leurs cœurs amène à votre amour
le peuple qui remplit cet antique séjour.—
Le Seigneur avait entendu;
lorsque le saint pontife eut fini sa prière

les infirmes étaient guéris.
Et plusieurs, au sens droit, de ce miracle épris
abjurèrent l'erreur pour suivre la lumière.

———✦———

Védaste achevait son ouvrage.

Pendant son séjour à Reims, Védaste donnait la majeure
partie de son temps à la prédication. A cette époque déjà,
écrit M. d'Héricourt, la vie du missionnaire était toute de
fatigue et d'abnégation. Le prêtre ne devait repousser aucun de ceux qui venaient réclamer ses conseils, chercher
des consolations, s'affermir dans la pratique des vertus.

Il fallait exciter le zèle, le diriger, créer des établisse-
ments, et surtout prendre soin des pauvres. Védaste ne
manqua pas à cette noble mission.

Au serviteur qui l'avertit
du vide de sa cave, il sourit doucement.....

Entièrement confiant dans la Providence, Védaste ne
s'inquiétait jamais de ses besoins matériels, et sa maison
était ouverte aux pauvres, ainsi qu'aux chefs Francs qui
venaient le consulter. Dieu daigna lui montrer combien
cette conduite lui était agréable..... Védaste ne voulant
point permettre au seigneur qui était son hôte de le quitter
sans avoir accepté quelques rafraîchissements, ordonna à
son serviteur d'apporter du vin. Les visites des jours pré-

cédents avaient été si fréquentes, la charité du missionnaire si multipliée, que le vase était vide. Le serviteur, écoutant son dépit, blâma la générosité de son maître, et en rougissant le prévint à voix basse de la disette dans laquelle il se trouvait. Habitué aux privations, Védaste ne s'en émut pas pour lui-même ; mais il savait que son hôte était habitué à une grande aisance, qu'il avait fait une longue course dont la fatigue s'augmentait encore par suite de leur conversation prolongée, enfin qu'il devait souffrir d'un jeûne aussi étendu. Il leva les yeux au ciel..... La foi de Védaste avait été si vive, inspirée par une charité si ardente, qu'un prodige s'était manifesté.

> Ce qu'il trouva, lecteur, vous le devinerez
> à le voir rentrer si joyeux.

Le vase desséché était rempli d'un vin généreux, et non seulement le chef franc, mais les personnes de sa suite et les nombreux visiteurs qui se succédèrent, furent complètement désaltérés.

Je devrais justifier le mélange et l'insuffisance de certaines rimes dans ce quatrième tableau, et cela avec d'autant plus de raison que ce défaut, inexcusable au tribunal des législateurs du Parnasse, se reproduira plus loin dans les récits du même genre.

Une critique indulgente et éclairée sait toujours tenir compte des difficultés, tout en relevant les fautes véritables contre la poésie et le bon goût. J'aime mieux m'en rapporter à son jugement.

Aimez qu'on vous conseille et non pas qu'on vous loue,

a dit Boileau dans son *Art poétique*.

Cet opuscule, je le répète, n'est qu'un simple essai. L'auteur n'a aucune prétention à la qualité de poète.

V

Lustra belluarum dedit Angelorum
Esse concentum, Dominique templum.
(PROPRE DES SS.)

Avez-vous quelquefois admiré sur la plage
    un noir rocher battu des vents?
Tout ce qui l'entourait protégeant le rivage
    est détruit depuis longtemps.
Voyez comme les flots moutonnant, à l'eau basse
    le caressent en l'embrassant;
ou bien jusqu'au sommet s'élevant, sous leur masse
    l'écrasent presque en retombant.
Lorsque la mer a fui redoutant la défense
    du Seigneur qui lui mit un frein,
voyez comme il reluit ce rocher qui s'avance
    pour protéger notre destin;
elles ont disparu les herbes éphémères
    sous l'effort orageux des flots,
seul apparaît le phare, il donne ses lumières
    à l'esquif de nos matelots.
Ainsi quand de l'empire abaissant la puissance
    Dieu permit aux hordes sauvages,

au féroce Attila, fléau de sa vengeance,
            d'étendre partout ses ravages ;
au-dessus du colosse et ses appuis croulants
            broyés sous les pieds des chevaux,
au-dessus des vainqueurs et des débris fumants
            de tant de ruines en monceaux,
comme un phare allumé de la main du Seigneur
sur le roc de granit, dans l'océan des âges,
plus fort que tous les vents, plus fort que les orages
            seul apparut le bois sauveur.
Aussi lorsque Védaste au dedans des murailles
de la cité d'Arras eut promené ses pas ;
lorsqu'il eut vu du Hun les dures représailles,
ses cruautés sans nom, et combien le trépas
dans cette ville en deuil avait fait de victimes,
ému de tant de maux, pleurant sur tant de crimes
il porta sur la Croix, mystère de souffrance,
un regard de pardon, un regard d'espérance.....
Il est en notre ville un endroit retiré
par la religion dès longtemps consacré ;
qui me dira pourquoi je m'y sens attiré ?
C'est là que sur l'autel le prêtre massacré,
laissant de son courage un mémorable exemple,
trouvait un saint tombeau sous les débris du temple ;
c'est là, sur le berceau de la foi de nos pères
de cruels animaux devenu le séjour,
que Védaste pour nous répandant des prières
pour la première fois nous prouvait son amour.
— Mon Dieu, s'écriait-il, en tombant à genoux,
            ces malheurs ont fondu sur nous,

sur nous dignes, hélas! de nos pères coupables ;
nous le reconnaissons, juste est votre courroux.
      Ennemis de la vérité,
      comme la terre sans rosée
la terre du désert qui boit l'eau dans les sables,
      nous avons bu l'iniquité ;
      mais vous plein de miséricorde,
Seigneur, vous pardonnez au pauvre en sa détresse
      lorsque parvenant jusqu'à vous
sa prière se montre humblement exposée.
Mon Dieu! mettez la paix où règne la discorde
et faites-nous sentir votre ancienne tendresse. —
Le Ciel pour ses élus ne plaint pas un miracle,
bien qu'en disent certains. Jugez, ami lecteur.
      Juste au-dessus du tabernacle,
un ours—c'était un ours, ce n'était point une ombre—
      avait établi sa demeure.
Parmi les habitants il portait la terreur ;
poursuivi maintes fois—un ours craint-il le nombre?—
      toujours il avait échappé.
      Chaque chose vient à son heure ;
d'autres que moi l'ont cru, me serais-je trompé ?
A la voix de Védaste exhalant sa douleur
      l'ours fit entendre un cri sauvage ;
      prétendait-il en sa manière
      effrayer l'homme du Seigneur ?
      Avant de quitter sa tanière
voulait-il témoigner par un excès de rage
que des vices honteux le règne finissait ?...
Védaste d'un saint zèle aussitôt inspiré :

— Quitte, je te l'ordonne, un lieu que tu profanes,
    animal cruel et stupide.—
Et comme à cet édit notre ours obéissait :
    —Loin de la ville retiré,
    fuis bien vite dans les bois sombres,
    habiter un antre fétide.
Que jamais de l'Artois tu ne souilles les plaines !—
    Il dit, et quittant les décombres
    le féroce animal s'enfuit,
    s'enfuit comme si de chasseurs
    à sa suite était une armée.
Je vous laisse à penser combien la renommée
    de ce miracle fit bruit;
de nos aïeux touchés il mit fin aux erreurs,
    tellement que l'on a pu dire :
Védaste avec son ours les conduit enchaînées.

—✦—

Diviná Providentiá beatus Vedastus
ad prædicandum verbum vitæ , Atre-
batæ directus est urbi,
(propre des ss.)

Maintenant il faudrait décrire
    comment, au culte du vrai Dieu
les populations puissamment entraînées

par un apôtre tout de feu,
au zèle du Saint répondirent.
Lecteur, trouvez bon que je laisse
le soin de raconter l'histoire aux érudits ;
eux seuls possèdent bien ce que nos aïeux firent ;
sur les fleurs seulement le papillon se pose,
il aime l'éclat de la rose,
s'enivre à ses parfums, et plein de son ivresse
néglige les choses de prix.
Plus attentif qu'un chercheur d'or,
Védaste parcourant l'enceinte du vieux temple
a découvert un vrai trésor
qu'il touche de ses mains, de ses yeux qu'il contemple ;
de Notre Dame c'est l'image,
son image bénie, intacte, sans souillure.
Bientôt pour recevoir la Vierge toujours pure
un nouveau temple sort du milieu des ruines,
et l'auguste Marie aux murs de la cité
retrouve son pouvoir des siècles respecté.
Ainsi l'arbre courbé sous le poids de son âge,
près du fer qui meurtrit ses antiques racines,
voit surgir de nombreux et puissants rejetons
qui porteront un jour leur tête jusqu'aux Cieux.
A peine du saint temple, avec un soin pieux,
Védaste avide de conquêtes
a-t-il achevé l'œuvre et peuplé son enceinte,
que sans reprendre haleine il a crié : partons,
partons au nom du Ciel pour la mission sainte ;
et prenant de ses mains bénies
l'humble bâton du voyageur,

sans craindre la fatigue et les rudes labeurs,
il touche, convertit, console bien des cœurs.
Son bonheur est de voir ses brebis réunies
former comme un troupeau, d'appeler sur leurs têtes
    les dons les plus saints du Seigneur.
    Tous ces bienfaits, ô tendre père,
sont gravés dans le cœur de tes nombreux enfans;
tout ce qui sait aimer, tout ce qui croit, espère,
garde ton souvenir depuis plus de mille ans.....
Au retour du travail à la vigne du Maître,
l'ouvrier diligent a besoin de connaître
le doux loisir des champs, le bonheur sans mélange
d'être seul avec Dieu : c'est le bonheur de l'ange.
Sur les bords du Crinchon, parmi les marécages,
    un oratoire s'élevait
modeste; là, Védaste oublieux de la terre
    avec Dieu seul s'entretenait;
c'était là qu'il aimait relire les ouvrages
    qu'autrefois il étudiait;
    il y formait aux saints travaux,
aux combats du Seigneur, au goût de la prière,
les sujets de son choix, les lévites nouveaux
    que le Maître lui destinait.
Sa famille croissait, et Védaste en ce lieu
tenait le premier rang dans son cœur après Dieu.
Qu'heureux il s'y trouvait! combien d'heures bénies
il y sut dérober aux soucis des affaires!
    C'était là qu'il voulait attendre
le réveil du tombeau, séparé de ses frères;

il y fut reconduit, il y repose encor.
A l'ombre de son nom, au contact de sa cendre,
beaucoup d'âmes d'élite ont grandi dans le bien ;
beaucoup, dans les transports d'une sainte allégresse,
ont quitté ce bas monde en Dieu toutes ravies.

      Sous les murs de sa basilique,
        si nous réclamons son soutien
visiteurs assidus de sa sainte relique,
au pied de son tombeau notre plus cher trésor
il nous console encore aux heures de détresse.....
Parfois on le voyait quittant la solitude,
ses enfants bien-aimés, les plaisirs de l'étude,
        aller de ses pas chancelants
auprès du roi Clotaire, auprès de quelques grands,
pour les gagner à Dieu, pour adoucir leurs mœurs,
et les rendant meilleurs les faire plus heureux.
Je voudrais essayer de peindre sa bonté
        s'accommodant à leurs faiblesses ;
son amour que jamais l'on ne vit rebuté,
        souffrant leurs sauvages rudesses ;
ses efforts pour donner l'union à leurs cœurs,
son désir de la paix dans ces temps orageux.....
Mais il faut s'arrêter en un sujet si vaste,
        et montrer seulement Védaste
        brisant au signe du chrétien
le vase des faux dieux de cervoise rempli.
        Au bruit de ce fait accompli
la foi se réveilla plus fervente et plus pure ;
        laissant un usage païen

beaucoup des vrais croyants augmentèrent le nombre.
C'est le soleil qui chasse l'ombre,
éclaire l'univers, ranime la nature.

———+———

Il est en notre ville un endroit retiré
par la religion dès longtemps consacré.

Vers la fin du quatrième siècle, un Grec de nation, connu sous le nom de Diogène, vint à Arras prêcher la religion chrétienne. Un temple, écrit un membre de l'Académie d'Arras, s'élevait au centre de la cité. Diogène, sur le même emplacement, éleva une église qu'il consacra à la Vierge ; peut-être même, selon l'usage des premiers missionnaires, conserva-t-il l'édifice ancien et se contenta-t-il de le bénir.

Dans une des incursions des hordes d'Attila, Diogène fut frappé à mort, et l'on n'a conservé aucune parcelle de son corps.

C'était un ours, ce n'était point une ombre.

Pour les faits miraculeux que nous avons rapportés, écrit l'auteur que nous venons de citer, nous n'avons pas à examiner les opinions diverses ; il nous suffira de rappeler à nos lecteurs que nous avons fidèlement suivi la vie du saint écrite par Alcuin, le pieux et savant précepteur de Charlemagne.

> Que jamais de l'Artois tu ne souilles les plaines.

L'animal obéit, et, selon la remarque des agiographes, l'on ne vit plus d'ours désormais dans les plaines de l'Artois.

> Védaste avec son ours les conduit enchaînées.

Ce miracle eut un grand éclat ; il contribua puissamment à la conversion des Atrébates ; il montra la puissance du pontife, et la reconnaissance de la foule se confondit avec l'admiration pour ses vertus. Aussi, même au moyen-âge, représente-t-on saint Vaast traînant un ours à sa suite ; c'est ainsi que le montrent les manuscrits qui contiennent sa vie, les tableaux des artistes, les œuvres des statuaires.

Une pieuse tradition veut que Védaste voyant cet animal dans les ruines d'Arras, lui avait donné l'ordre de le suivre, et qu'obéissant à ce commandement, il devint le compagnon fidèle de saint Vaast, afin de montrer aux nations encore barbares la puissance du Dieu dont il annonçait la parole, les inviter à se soumettre à Celui qui savait commander aux animaux les plus féroces, et les rendre souples et soumis.

On a voulu aussi que cet ours ne fût qu'un symbole. Arrivé dans un pays sauvage où les habitants étaient accoutumés à sacrifier à leurs passions honteuses, Védaste fit entendre sa voix puissante. Sur l'autel renversé des faux dieux, il éleva la croix, mystère de charité et d'abnégation, et fit triompher les vertus chrétiennes au milieu d'un peuple adonné à tous les vices.

> Et l'auguste Marie aux murs de la cité
> retrouve son pouvoir des siècles respecté.

Lorsque les ronces et les broussailles étendirent leur

végétation à ce point qu'elles offraient un abri aux animaux féroces, l'image de la Vierge fut préservée de toute profanation ; elle resta comme un témoignage des premières prédications, comme un signe de la protection de Dieu à l'égard d'une ville qui devait produire de grands saints, de courageux défenseurs de la religion, des savants aussi distingués par leur piété que par l'érudition de leurs écrits.

Le zèle de Védaste eut bientôt élevé à la gloire de Marie une église sur l'emplacement de l'ancienne. Agrandie, restaurée, enrichie par la générosité des princes, par les dons abondants des habitants, elle a traversé les jours les plus mauvais de nos révolutions. Détruite au commencement de ce siècle, elle vit pieusement agenouillée sur son sol toute la population d'Arras, qui, comme une expiation, plaça sur ses ruines le calvaire de la mission. Quelques années plus tard, un saint prêtre (M. Debray, curé-doyen de Saint-Nicolas en cité), achevait cette œuvre de réparation, et les chants des fidèles retentissent encore à l'endroit où saint Vaast s'est si souvent humilié pour obtenir la conversion des peuples de ces contrées.

Il touche, convertit, console bien des cœurs.

De pieuses traditions nous montrent saint Vaast à Catorive, à Beuvry, à Estaires, partout, en un mot, où il y avait des populations agglomérées. Les historiens sont unanimes à louer le zèle avec lequel il se préoccupait des besoins des fidèles, envoyait des prêtres et des diacres pour étendre les conquêtes spirituelles et consacrer les églises. Il se rendit lui-même partout où une croix était dressée au nom du Seigneur. Nous avons à regretter qu'au milieu des tumultes de la guerre, des hostilités continuelles, des scènes de meurtres et de pillages, les chroniqueurs n'aient point conservé le souvenir des prédications de l'apôtre de nos contrées.

Après la mort de Ragnacaire de Cambrai qui arrêtait ses efforts, Védaste put étendre ses prédications sur tout le territoire occupé autrefois par les Nerviens, et bientôt de nombreuses conversions récompensèrent son zèle. La ville de Cambrai surtout se signala par son dévouement religieux, et la piété des habitants, leur amour pour la vraie foi, devaient valoir à cette cité l'honneur d'être pendant bien des siècles la résidence de l'évêque.

> C'était là qu'il voulait attendre
> le réveil du tombeau, séparé de ses frères.

Lorsque le moment fut venu de rendre à la terre les dépouilles mortelles de saint Vaast, on résolut d'un commun accord de le déposer dans l'église de Notre-Dame qu'il avait élevée et qu'il avait enrichie. Mais quelque effort que l'on fit, on ne put soulever le corps.... On demanda à l'un des prêtres qui avaient vécu dans son intimité si Védaste n'avait point manifesté quelque désir relativement au lieu de sa sépulture. Scopilion répondit que souvent il lui avait entendu dire que nul ne devait être enterré dans l'intérieur de la ville ; que sa modestie l'avait porté à choisir pour sa sépulture l'oratoire élevé sur la rive du Crinchon.... Toutes les personnes présentes protestèrent ; Scopilion intervint. Alors les porteurs enlevèrent sans difficulté la bière, et le corps de saint Vaast fut déposé avec honneur à l'endroit même où se trouvait son siége pontifical dans les cérémonies publiques.

> A l'ombre de son nom, au contact de sa cendre,
> beaucoup d'âmes d'élite ont grandi dans le bien.

L'abbaye de Saint-Vaast se lie étroitement à la biographie

de son patron. On consultera avec intérêt et profit l'histoire de ce puissant monastère qui va être publiée à Arras.

> ....Védaste
> brisant au signe du chrétien
> le vase des faux dieux de cervoise rempli.

J'ai lu dans les remarquables travaux de Frédéric Ozanam sur la civilisation chrétienne chez les Francs, au 6ᵉ siècle, qu'il n'était pas rare de voir à la même table les disciples du Christ et les adorateurs d'Odin ; d'un côté, les vases destinés aux libations, de l'autre, tout ce que permet la frugalité chrétienne. La religion ne refusait pas de s'asseoir à ces festins où elle trouvait toujours quelque bon exemple à donner, quelque instruction à répandre.

Védaste se trouvait un jour à la table du plus puissant seigneur de l'Artois ; en entrant dans la salle, il avait pu remarquer ce mélange des cérémonies païennes avec les coutumes chrétiennes, et avait demandé à Dieu de faire luire son soleil sur ces ténèbres, de dissiper ces ombres mortelles. Le Seigneur, exauçant la prière du bon pasteur, permit que les vases remplis de liqueur fermentée fussent brisés au signe de croix que fit Védaste en bénissant la table.

> La foi se réveilla plus fervente et plus pure.

Sous le règne de Clotaire, les Francs, s'initiant de plus en plus aux institutions et aux habitudes romaines, perdaient de leur humeur guerrière, et ils passaient de longs jours en festins bruyants et en orgies abrutissantes.... Souvent, après un festin où rien n'avait été ménagé, les convives ne pouvaient supporter leur corps affaibli par l'ivresse.

(Vie de S. Vaast, passim.)

VI

O beatum virum Vedastum pon-
tificem , cujus exitum columna lucis
edocuit.

(PROPRE DES SS.)

Lorsque vous promenez dans nos riches prairies,
sur la fin des longs jours au milieu de l'automne,
        vos innocentes rêveries,
voyez les fruits vermeils que chaque arbre nous donne.
        Bientôt chacun d'eux jaunira
        sous les derniers rayons de feu,
        et puis l'homme ingrat cueillera
        les derniers présents du bon Dieu.
        Ainsi nous mûrissons sur terre ;
        Dieu nous cueille à l'heure venue,
        et dans son *grenier* nous enserre,
        dans son grenier plus haut que nue.
Comme un arbre planté de la main du Seigneur
dont le pied est baigné par la fraîcheur des eaux,
Védaste riche en sève et rempli de vigueur
donnait à nos aïeux les fruits les plus beaux :
dans le pauvre il aimait à retrouver un frère ,

au vieillard il offrait un appui tutélaire ;
à ceux qui sur la terre ont le droit de punir,
le droit de commander, il savait obéir.
Pures étaient ses mœurs, nobles ses habitudes.
Pour éloigner du mal les vieilles turpitudes
au jour du saint repos la prière montait.
En ces lieux qu'autrefois la discorde agitait
grâce aux soins du pasteur l'on se tenait en paix.
A celui qui fermant ses yeux à la lumière
de sa charge bénie accepterait le faix,
il laissait de ses clercs la puissante milice
avide de combats, formée au sacrifice,
possédant le savoir, forte par la prière.
Quand il eut de Remi, par un suprême effort,
    consolé les derniers instants,
il revint près de nous désirant que la mort
    le trouvât parmi ses enfants....
Redescendu des cieux l'ange avait pris ma lyre ;
pour chanter le chrétien qui de bonheur expire
il ajoutait la corde aux mortels inconnue.
Sa voix à mon oreille à peine est parvenue
comme un écho lointain que dissipent les airs ;
ainsi brille la flamme en rapides éclairs.
    —Frères, voyez quel feu s'allume
    dans l'âme de ce bon pasteur ;
    frères, voyez il le consume,
    il le consume en son ardeur.
Son sang est enflammé, son corps veut se *dissoudre*
    sous l'effort de ce feu divin ;
pourra-t-il néanmoins, pourra-t-il se résoudre

à laisser son peuple orphelin?
Lorsque d'une meute assemblée
le cerf longtemps a fui la rage, les clameurs,
pour étancher sa soif à l'abri des chasseurs,
il recherche la source en l'ombreuse vallée;
ainsi Védaste en son amour
soupire après le Roi de notre heureux séjour.
Frères, la nuit jette ses voiles
sur la cité d'Arras, le froid brise la pierre;
à la voûte des cieux scintillent les étoiles,
venez, il faut tirer de sa prison de terre
l'âme du saint vieillard.... Puis l'ange ouvrit mes yeux.
Une lumineuse nuée
de la terre allant jusqu'aux cieux,
semblable à l'échelle mystique
que Jacob autrefois dans un songe avait vue,
de célestes esprits était toute chargée.
Le chœur entonnait un cantique,
le doux cantique de la mort;
suprême élan du juste arrivé près du port.....
A sa dernière heure venue,
Védaste réunit ses enfants les plus chers,
ces prêtres qu'entourant des soins d'un tendre père
à Jésus-Christ il enfantait.
Lorsqu'ils sont rassemblés de tous les points divers:
— Mes enfants, leur dit-il, je vais quitter la vie;
au service du Maître en qui nous savons croire
ne redoutez jamais les labeurs de la route;
jusqu'à la dernière goutte
donnez avec amour votre sang pour sa gloire.

3

Je laisse mon corps à la terre,
mon cœur à vous, mon âme au Ciel.
Et comme chacun d'eux l'entendant sanglotait :
—Pour vous, ne pleurez point, donnez-moi le Sauveur,
c'est le seul trésor que j'envie ;
si la coupe est amère il l'enduit de son miel.—
Enfin, fortifié par le saint viatique,
le visage enflammé, rayonnant de bonheur :
—De la reconnaissance entonnez le cantique,
je vais être jugé, mais par Celui que j'aime ;
je le vois, je le vois, enfants, c'est votre père,
que son cœur est riche pour vous !
Jésus, dans votre cœur, ah ! renfermez-les tous....—
Au céleste séjour sur l'échelle de flamme
le chœur des anges remontait,
entonnant avec eux l'éternelle prière
une voix de plus répétait :
—Paix souveraine, paix profonde
aux cœurs de bonne volonté ;
gloire, gloire au Dieu de bonté
qui répand la paix sur le monde !

———✦———

Quand il eut de Remi, par un suprême effort,
consolé les derniers instants.....

Saint Remi était arrivé à l'âge de 94 ans ; avant de quitter cette terre, il écrivit un testament témoin de sa piété et de ses libéralités. L'église d'Arras y eut part. Védaste figure parmi ceux qui ont signé cet acte important.

Entonnant avec eux l'éternelle prière
une voix de plus répétait.....

On prétendit, écrit M. le comte d'Héricourt, qu'au moment où son âme s'élevait au ciel, un bruit distinct comme celui du chœur des anges remplit l'appartement, et prouva que Védaste était déjà en possession du bonheur éternel.

Védaste, ô notre père, à l'heure des tempêtes
nous levons vers toi nos regards;
bénis ton successeur, qu'il protège nos têtes
dans la tourmente et les hasards.
Obtiens la force à sa parole;
comme un puissant athlète il brisera l'idole
qu'en nos jours on adore, et de la vérité
sera le champion illustre et redouté.
C'est un père instruit, sage, tendre
et jaloux de l'honneur des siens;
c'est l'un des plus fermes soutiens
de la loi sainte sur la terre.
Si sa voix doit se faire entendre
qu'elle éclate comme un tonnerre ;
obtiens à ses efforts constants
le triomphe de la victoire,
n'a-t-il pas relevé la gloire
du plus humble de tes enfants ?...

Bénis, ô saint patron, l'élite de la ville ;
ces savants au cœur noble, à l'esprit sérieux,
qui jaloux de ta gloire en ce siècle oublieux,
sans jamais se lasser d'un résultat stérile,
laissant bien loin l'envie et son serpent qui mord,
des jeunes écrivains encouragent l'effort.
Bénis aussi ce chant que je t'ai consacré,
puissant et saint patron ; pardonne à mon audace,
  devant tes yeux qu'il trouve grâce.
Fais que l'honneur de Dieu me soit toujours sacré ;
à sa loi sainte et pure ouvre mon cœur docile ;
que le bon, que le beau, l'agréable et l'utile
éloignant mon esprit de l'appât des plaisirs
  occupent mes plus doux loisirs !!...

———✤———

N'a-t-il pas relevé la gloire
du plus humble de tes enfants ?

Voir le récit des fêtes célébrées à Arras en 1860, à l'occasion de la béatification de B.-J. Labre, et la vie du bienheureux par M. Desnoyers.

—►❖ FIN ❖◄—

Douai. — Imprimerie DECHRISTÉ, rue Jean-de-Bologne.

Contraste insuffisant

NF Z 43-120-14